OS ANJINHOS
inspiram a sua vida

Marlis Salzmann
Zilda Hutchinson Schild Silva
(colaboradora)

OS ANJINHOS
inspiram a sua vida

EDITORA PENSAMENTO

São Paulo

Título original: *Die Kleine Engel*.

Copyright © 2003 Aquamarin Verlag.

Todos os direitos reservados. Nenhuma parte deste livro pode ser reproduzida ou usada de qualquer forma ou por qualquer meio, eletrônico ou mecânico, inclusive fotocópias, gravações ou sistema de armazenamento em banco de dados, sem permissão por escrito, exceto nos casos de trechos curtos citados em resenhas críticas ou artigos de revistas.

A Editora Pensamento-Cultrix Ltda. não se responsabiliza por eventuais mudanças ocorridas nos endereços convencionais ou eletrônicos citados neste livro.

O primeiro número à esquerda indica a edição, ou reedição, desta obra. A primeira dezena à direita indica o ano em que esta edição, ou reedição foi publicada.

Edição	Ano
2-3-4-5-6-7-8-9-10-11	07-08-09-10-11-12-13

Direitos de tradução para a língua portuguesa
adquiridos com exclusividade pela
EDITORA PENSAMENTO-CULTRIX LTDA.
Rua Dr. Mário Vicente, 368 – 04270-000 – São Paulo, SP
Fone: 6166-9000 – Fax: 6166-9008
E-mail: pensamento@cultrix.com.br
http://www.pensamento-cultrix.com.br
que se reserva a propriedade literária desta tradução.

Introdução

Existem várias maneiras de entrar em contato com os anjinhos. Eles estão sempre presentes e não é apenas o seu anjo da guarda que está aí para lhe dar ajuda. Naturalmente, a primeira maneira é rezar aquela antiga oração, tão bem conhecida de todos:

Santo anjo do Senhor,
Meu zeloso guardador
Se a ti me confiou a
piedade divina
Para sempre me rege,
me guarda, governa e ilumina.
Amém.

Outra maneira é meditar sobre eles. No entanto, a melhor sugestão é fazer um pequeno ritual para convocá-los. Eles gostam muito de ambientes alegres, repletos de luz e cores, com muitas flores, velas coloridas e bastante alegria. Você pode fazer um ritual como esse antes de abrir este livro.

Abra numa página ao acaso e verá qual anjo escolheu e qual a mensagem que ele tem para você. Se preferir, abra mais de uma página de cada vez, pois mensagens angélicas nunca são demais. Ou então você pode ler o livro todo e divertir-se com todos os anjinhos.

Por certo haverá uma mensagem que se encaixará como uma luva no problema ou preocupação que estiver atormentando você.

Boa sorte e muita alegria com os anjinhos.

— Zilda Hutchinson Schild Silva

OS ANJINHOS
inspiram a sua vida

Os anjinhos

Os anjinhos lhe
dão as boas-vindas.
Os anjinhos são os ajudantes
dos grandes anjos. De certa
maneira, eles são o "comando
especial" para as situações do
dia-a-dia. Também aí os
ajudantes invisíveis do reino
angélico são imprescindíveis.
Com certeza um dos anjinhos
também tem uma mensagem

para você. Simplesmente abra
intuitivamente uma página do
livro, como foi dito antes.
Em seguida, olhe com atenção –
e eis que você pode ler a
mensagem do seu anjinho.
O que ele quer lhe dizer?

O correio aéreo dos anjos

Preste atenção na
mensagem dos anjos!
Talvez ela lhe indique a solução
dos seus problemas.

O anjo jardineiro

Dê uma flor do jardim
da sua alma para alguém!
Flores são um belo presente
que todos gostam de ganhar.

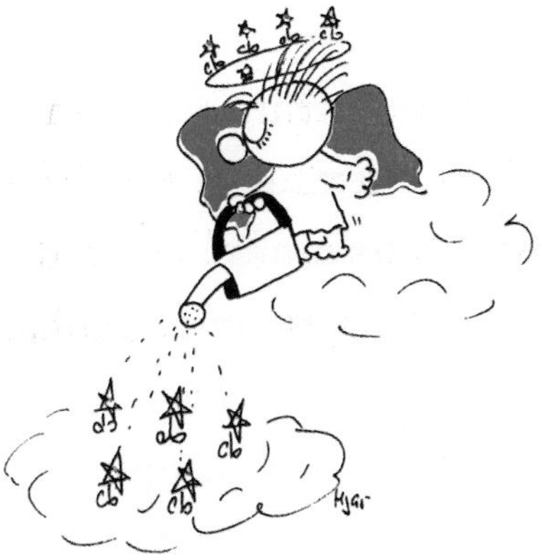

O anjo mensageiro

E naturalmente os anjinhos
também têm uma mensagem
para os membros da família,
os parentes, os amigos
e conhecidos.
Muita alegria com as
pequenas mensagens
luminosas!

O anjo aprendiz

E de repente você não precisa mais do tapete! Você acaba de descobrir que sabe voar sem ajuda.

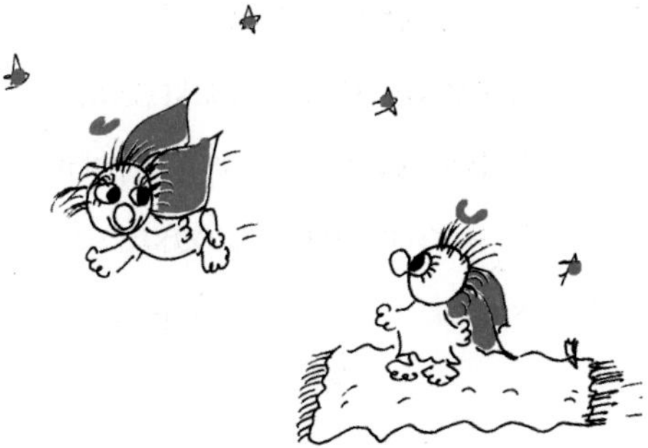

O anjo dançarino

Eu ouso dançar na
ponta de uma estrela!
E também em qualquer
outro lugar, basta
ouvir uma música.

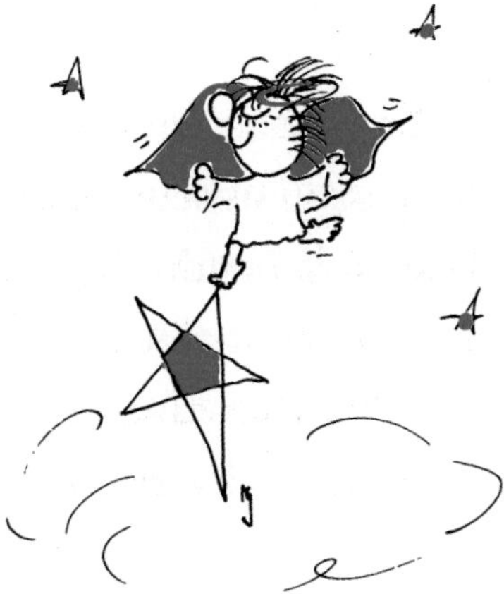

O anjo da noite

Se você alguma vez
ultrapassou os seus limites,
você pode pendurar o seu
balanço em qualquer lugar!
Pode acreditar,
é muito divertido!

O outro anjo

Isso também faz
parte de mim!
Temos em nós o
lado claro e o lado escuro,
o que se pode fazer?

O anjo pastor

Reserve um tempo
para sonhar, isso eleva
a alma até as estrelas!
É muito mais fácil viver
no meio das estrelas.

"Os anjos"

Os anjos convidam para dançar. Esse grupo de rock tem muito ritmo.

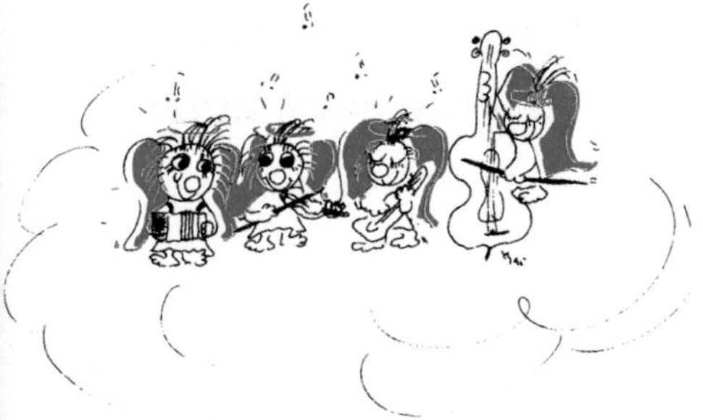

O anjo lavador

E quem vai enxugar?
Se um lava os pratos,
é justo que o outro
os enxugue.

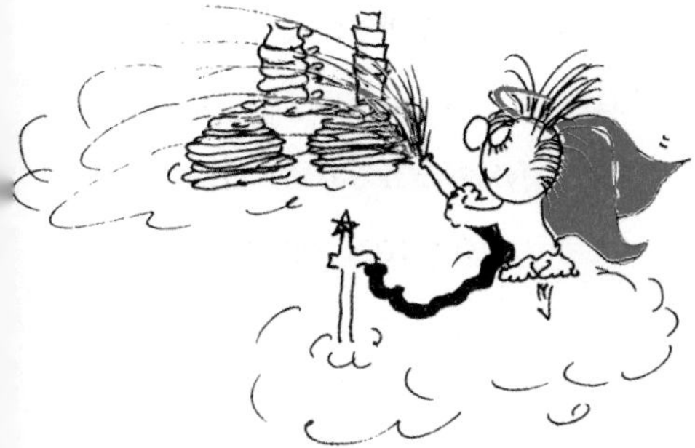

O anjo protetor

Seja um bom anfitrião!
Muitas pessoas já hospedaram
anjos sem saber disso.
Fique atento!

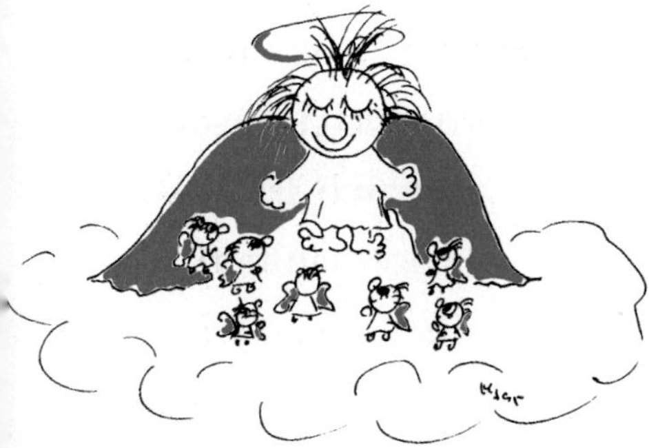

O anjo da velocidade

Você foi passear outra
vez de bicicleta sobre
o arco-íris?
Você não tem
medo de cair?

O anjo doente

Para quem você pode levar uma xícara de chá na cama? Uma pessoa doente melhora bastante com esse carinho.

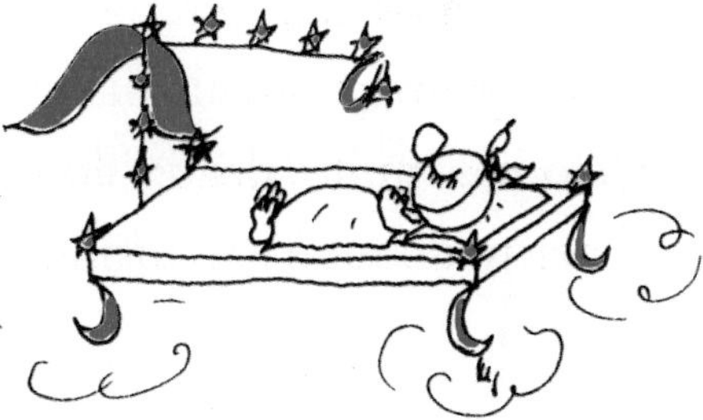

O anjo do rock

Os anjos também não cantam apenas aleluia! Melodias muito alegres fazem parte do seu repertório!

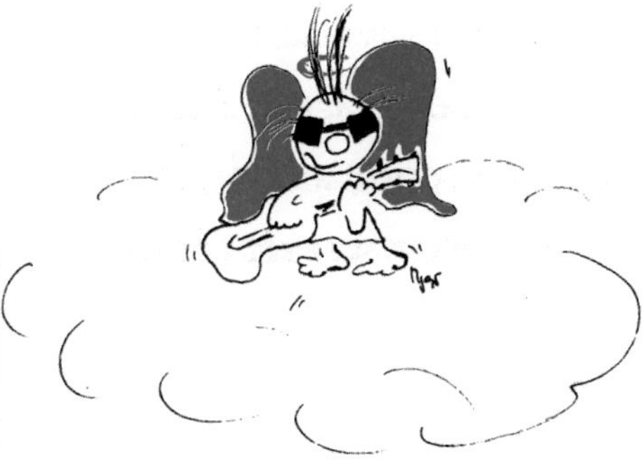

O anjo pronto-socorro

Quem precisa da minha
ajuda? Já vou indo!
E pode acreditar,
num piscar de olhos!

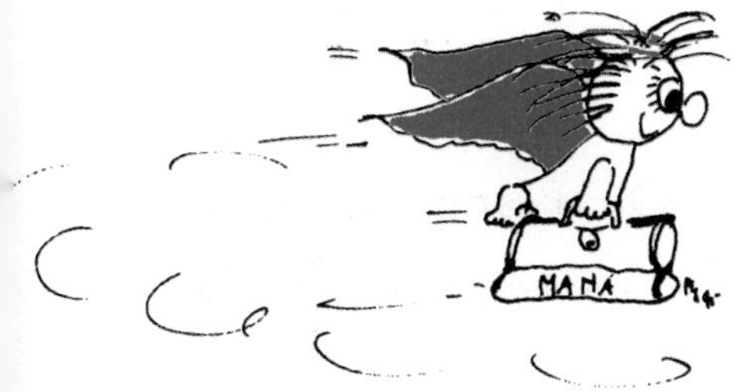
MAMÁ

O anjo das férias

Estou pronto para
visitar uma ilha!
Ou o campo, a montanha,
a cidade grande: tanto faz!

O anjo da massagem

Vamos tirar a auréola
e deixar-nos mimar
bastante uma vez!
Quem é que não gosta
de um carinho assim?

O anjo pescador

Quem pesca em águas turvas não pesca nenhuma estrela! Quem pesca em águas claras vê o seu reflexo.

O anjo do Natal

Onde existe luz, não
há oportunidade
para a escuridão!
E nenhuma época é
mais linda do que essa!

O anjo cozinheiro

O amor passa
pelo estômago!
Um bife suculento,
um doce gostoso,
quem resiste?

O anjo das flores

A cada flor pertence
um anjo!
E todos os anjos
amam as flores.

O anjo cantor

Cante a plenos pulmões,
não importa o que
os vizinhos pensem!
Afinal, quem canta,
os seus males espanta.

O anjo da viagem

Partida para novos céus!
E para novos territórios
também.
O mundo é grande.

O anjo do casamento

Uma união cheia
de amor sempre é abençoada!
Não existe nada mais
sagrado do que uma família.

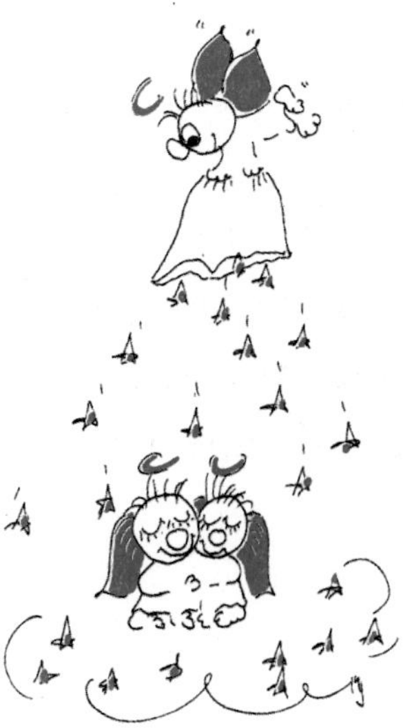

O anjo da rede

Há quanto tempo você
não descansa numa rede?
Não espere mais,
dê a si mesmo esse prazer.

O anjo do bônus

Dê um bônus para uma diversão celestial de presente a um ser querido. Quem gostar pode andar no carrossel celeste.

O anjo infeliz

No momento eu
sou estrela ou anjo?
Ó dúvida cruel.
Ser uma coisa ou outra,
eis a questão!

O anjo da paz

É necessária uma força infinita
para fazer as pazes!
Com o ânimo mais
calmo é mais fácil
tomar uma decisão.

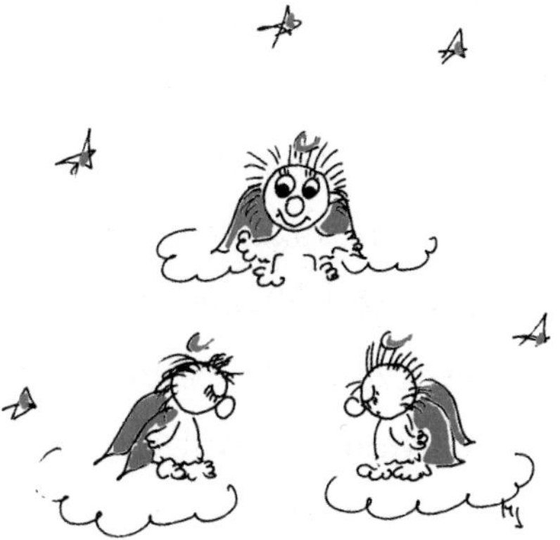

O anjo faxineiro

De vez em quando faz
bem fazer uma
grande limpeza!
A limpeza pode estender-se
a todos os âmbitos
da vida.

O anjo da manhã

O Sol nasce todas as manhãs – e às vezes é um anjinho que o ajuda a fazer isso! Esses são os dias mais abençoados!

O anjo apaixonado

Apaixone-se outra vez por si
mesmo e pelo mundo –
e dê uma rosa a
uma pessoa querida!
Viver sem amor
não é viver.

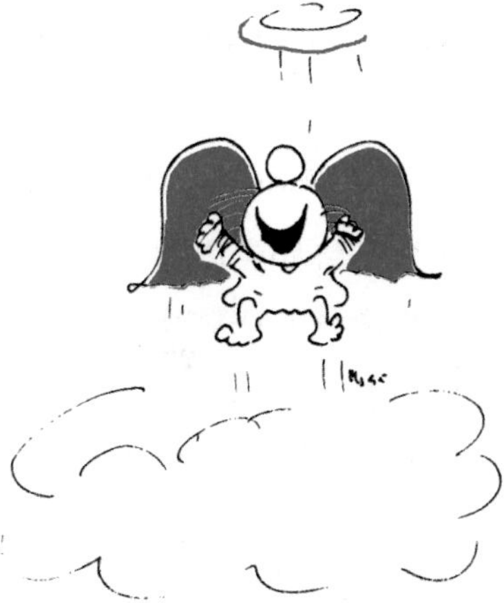

O anjo palhaço

Tenha mais coragem
para o inesperado!
Divirta-se, solte-se mais!

Os três anjos reais

Há ocasiões em que você
precisa voar para atingir
o seu objetivo.
Mas se der um passo por
vez também chegará lá.

O anjo do contrabaixo

A dois nenhum contrabaixo
é grande demais!
E a música será muito
mais harmoniosa!

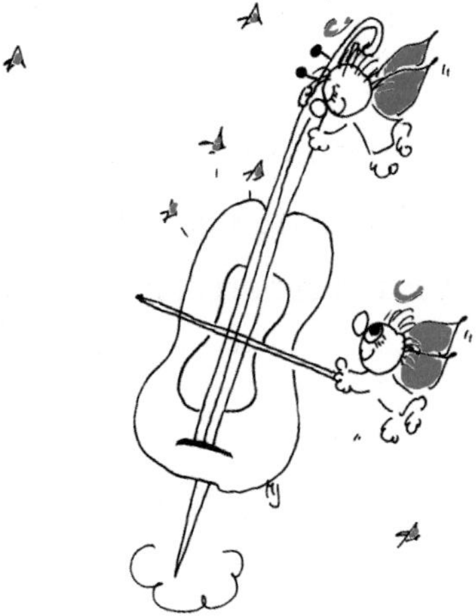

O anjo do obrigado

Que bom que você existe!
Nada como agradecer
os favores recebidos.

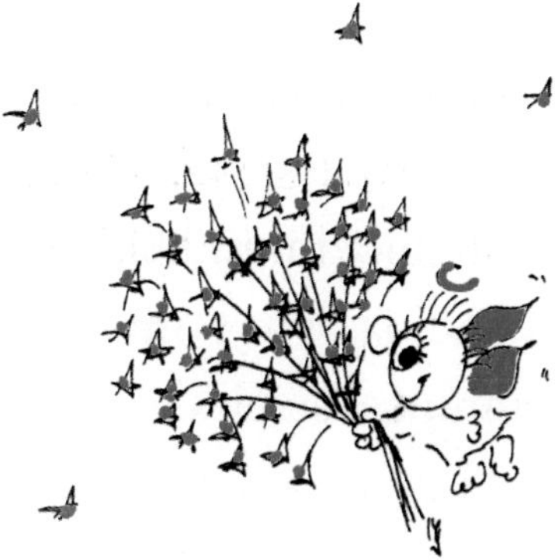

O anjo da limpeza

Com uma tempestade
de estrelas é possível
eliminar a imundície mais
escondida. Um bom banho
elimina a sujeira exterior
e acalma as emoções.

O anjo da trompa dos Alpes

Em dueto a música
é duas vezes mais bonita!
E o som se espalha
muito mais.

O anjo professor

Às vezes a ponta de uma
estrela cai sobre um anjo!
E sempre há o que ensinar
e o que aprender.

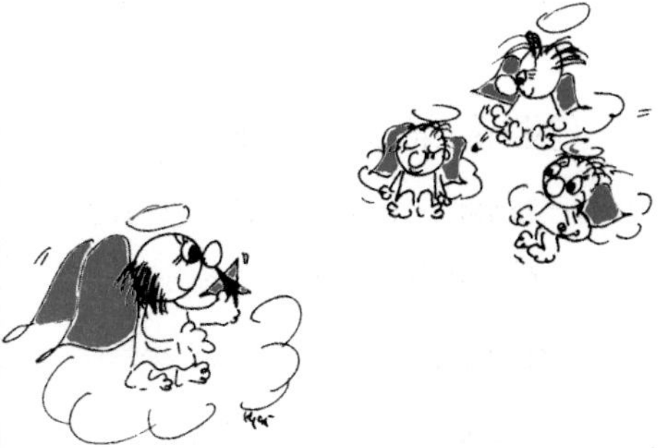

O anjo do jardim-de-infância

Não são só as crianças
que têm um anjo da guarda!
Os adultos também
têm, embora às vezes
se esqueçam disso.

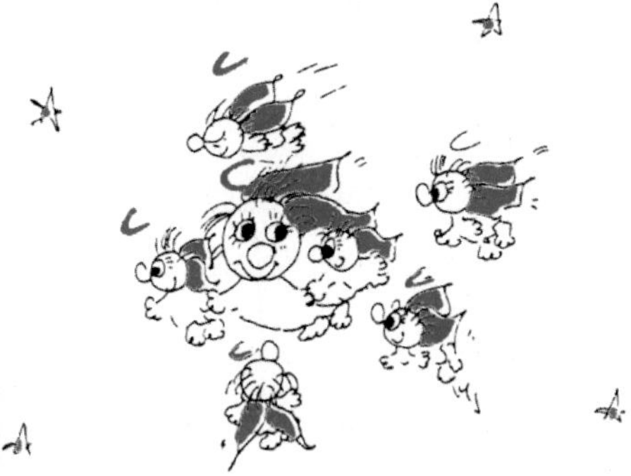

O anjo dos gatos

O gato não deixa
de caçar os ratos.
Os ratos não devem atiçar
os gatos, senão...

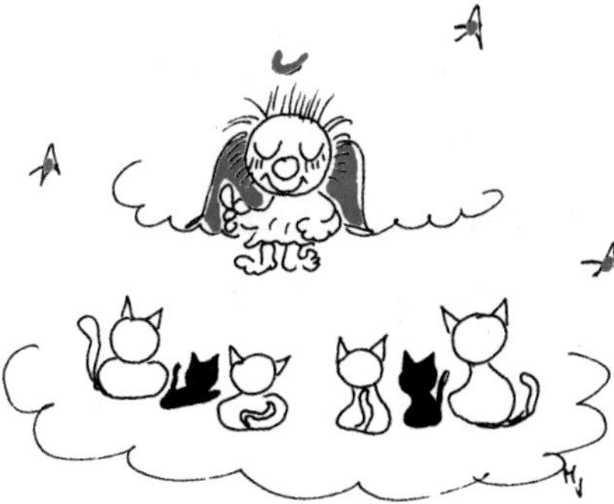

O anjo da Lua

A Lua gosta de histórias,
basta você contá-las para ela!
Mas seja sempre criativo
para a Lua não cair no sono.

O anjo do realejo

Uma melodia suave
pode comover
profundamente uma alma!
E quem resiste ao som
de um antigo realejo?

O anjo do aniversário

A vida me dá tudo de
que preciso para ser feliz!
E se os amigos vierem
me cumprimentar,
a vida é perfeita.

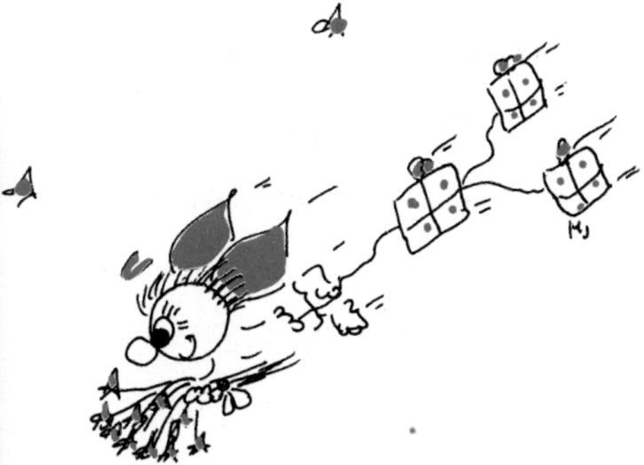

O anjo goleiro

Eu não deixo nada passar!
Eu guardo o meu
espaço com muito
empenho!

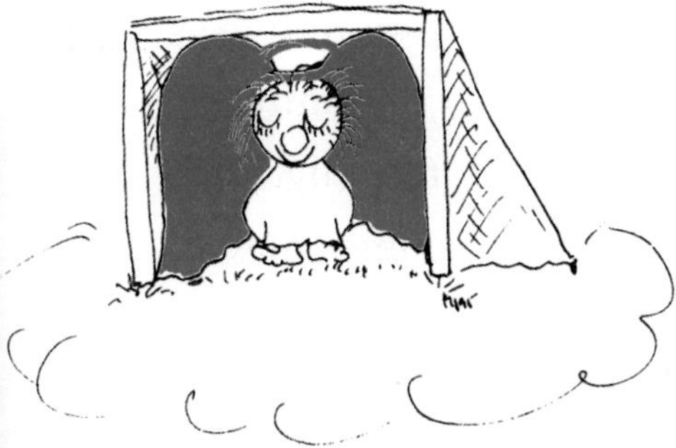

O anjo da leitura

Um bom livro é
como um bom amigo!
Bons amigos são
como jóias!

O anjo do rodopio

Para alcançar o objetivo, cada jogador tem de usar a sua capacidade. Isso sem desprezar a capacidade dos outros!

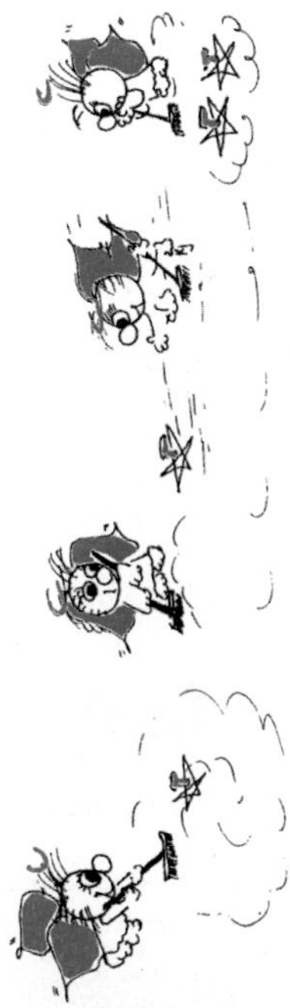

Edições Loyola

impressão acabamento

rua 1822 nº 347
04216-000 são paulo sp
T 55 11 6914 1922
F 55 11 6163 4275
www.loyola.com.br